LES COLLECTIONS DU CITOYEN | VIE CITOYENNE

Le **Citoyen**

Ouvrage collectif

NANE ÉDITIONS

LE CITOYEN, LA CITOYENNETÉ

« C'est une personne qui vit dans une ville, qui doit respecter les autres, payer les impôts, qui peut voter aux élections (présidentielles), qui peut se présenter aux élections et qui a des droits. »
Manon, 10 ans

« C'est un groupe de personnes qui vivent dans le même pays ou ville. »
Waïna, 9 ans

« Le citoyen paye des impôts. »
Ilias, 10 ans

« Quand on est citoyen , il faut respecter notre environnement, par exemple : dire bonjour aux personnes qu'on connaît, ne pas voler dans des magasins, ne pas tricher au casino. Être citoyen, c'est être respectueux. »
Alicia, 10 ans

« Une personne qui vit dans la loi. »
Angelo, 10 ans

« Personne qui a des droits dans une cité et qui y vit. »
Racha, 9 ans

EN QUELQUES MOTS

« La citoyenneté, c'est voter. »
Noémie, 10 ans

« Être un citoyen respectueux de sa ville et des autres. »
Ambre, 10 ans

« Faire partie de la ville et vivre sur la Terre. »
Teddy, 10 ans

« Habitant d'une ville qui a le droit de voter. »
Théoumi, 9 ans

« C'est une personne citoyenne qui habite dans une ville et qui y travaille. »
Samantha, 10 ans

« Pour moi, la citoyenneté, ce sont des personnes qui vivent dans la même ville ou le même pays et qui respectent les mêmes règles et les mêmes lois. »
Hadrien, 10 ans

Classe de CM1 (de Madame Limouzin)
École élémentaire Chernoviz, Paris

SOMMAIRE

Un peu d'**histoire**...

AUX SOURCES DE LA CITOYENNETÉ

Le citoyen, du latin *civitas*, est l'habitant de la cité. Au départ, les « cités » étaient gouvernées par des rois, parfois par des rois prêtres. Par la suite, le pouvoir a été pris par de petits groupes de citoyens, les plus riches ou les plus anciens, c'est ce qu'on a appelé l'**oligarchie***. Puis le pouvoir s'est étendu à un ensemble plus large d'habitants de la ville : on parle alors de **démocratie***. Athènes passe pour être devenue l'une des premières cités vivant en démocratie (VIIIe siècle avant J.-C.). Le peuple intervient dans la vie de la Cité et tient des assemblées sur l'Agora, la place publique. Mais il faut savoir que cette dernière n'était pas ouverte à tous : les femmes et les esclaves, par exemple, en étaient exclus.

Rome, prenant pour modèle cette nouvelle organisation, apporte l'idée supplémentaire de *res publica* - d'où vient le mot « République » - qui signifie la chose publique. L'idée principale est qu'il existe, au-delà des intérêts particuliers, un intérêt général.

SAVIEZ-VOUS QUE...

En Grèce, tous ceux qui ne parlaient pas le grec étaient appelés « barbares ».

SAVIEZ-VOUS QUE...

Avoir droit de cité, c'était avoir les privilèges qui étaient attachés à la qualité de citoyen d'une cité antique.

AU MOYEN ÂGE

La notion de citoyenneté disparaît quasiment pendant tout le Moyen Âge, laissant place à la féodalité : l'homme est lié (inféodé) à un seigneur, à un roi ou à l'Église. Cependant, à la fin du Moyen Âge, les habitants des villes devenues autonomes (les villes franches) ont retrouvé un certain droit de regard sur la gestion de leur cité.

** Les mots suivis d'un astérisque sont expliqués dans le lexique page 38.*

Cette citoyenneté était toutefois très restrictive. Comme à l'époque antique, seuls quelques habitants de la ville, les « bourgeois », en bénéficiaient.

LE CITOYEN ÉCLAIRÉ DU XVIIIE SIÈCLE

Les philosophes du siècle des Lumières ont un rôle déterminant sur l'idée de la citoyenneté et de l'organisation globale de l'État.

Montesquieu (1689-1755), dans son ouvrage *De l'Esprit des Lois* (1748), pose le principe de la séparation des trois pouvoirs : législatif*, exécutif* et judiciaire*, qui restera la base des différentes constitutions françaises et donnera ainsi la notion d'« État de droit ».

Le Contrat social (1762) de Jean-Jacques Rousseau défend l'idée de liberté et d'égalité pour tous dans le respect de l'intérêt général.

Le 25 avril 1112, des bourgeois de la ville de Laon (Nord) veulent reprendre la main sur la gestion de leur cité. Ils prennent d'assaut la maison de l'évêque de la ville, Monseigneur Gaudry, en criant : « Commune ! Commune ! » L'évêque trouve refuge dans un tonneau de son cellier avant d'être découvert, torturé puis tué par la foule qui brûle toutes les habitations appartenant à la noblesse, assiège l'Église et proclame la commune de Laon.

Prise de la Bastille,
le 14 juillet 1789.

1789 : UN GRAND CHANGEMENT

En 1789, la situation est critique : un État gravement endetté après le soutien à la guerre d'indépendance des futurs États-Unis d'Amérique, deux mauvaises récoltes qui poussent la population au bord de la famine, suffisent à échauffer les esprits... Le pays étant en crise, les États généraux sont convoqués cette même année.

Tout va aller très vite. Le 14 juillet 1789, la Bastille est prise par les révolutionnaires, le 4 août suivant, certains députés des États généraux, réunis en **assemblée constituante***, votent l'**abolition*** des privilèges. Les idées de liberté, fraternité et égalité sont à l'ordre du jour...

Le mot « citoyen » prend un sens nouveau ; ce n'est plus le simple habitant de la cité, encore moins le sujet du roi. Le citoyen détient désormais, qu'il soit faible ou puissant, les mêmes droits et les mêmes devoirs.

La citoyenneté devient l'adhésion à un pacte conclu entre le peuple et les représentants qu'il a élus, c'est le pacte républicain.

SAVIEZ-VOUS QUE...

**Sous la révolution française, les termes « citoyen, citoyenne » remplacent « monsieur, madame » jugés trop aristocratiques.
Le tutoiement est également rendu obligatoire.**

Les États généraux, 1789.

1791 : LA CONSTITUTION

La Constitution* de 1791 établit une monarchie* parlementaire, c'est-à-dire que le roi garde un rôle symbolique à la tête de la France (comme en Angleterre actuellement) et une assemblée unique détient le pouvoir.

1792 : UNE ANNÉE DÉCISIVE

La famille royale, à la suite de la prise des Tuileries par les sans-culottes, le 10 août 1792, est enfermée au Temple. La suspension du roi est votée, tandis qu'une Convention nationale a la charge d'élaborer une seconde constitution.

La convention nationale décrète à l'unanimité que la royauté est abolie en France. C'est l'instauration de la Première République (1792-1804).

« Déclaration des droits de l'homme et du citoyen (août 1789) ». Estampe. Paris, musée Carnavalet.

DÉCLARATION DES DROITS DE L'HOMME ET DU CITOYEN 26 AOÛT 1789

Les représentants du peuple français, constitués en Assemblée nationale, considérant que l'ignorance, l'oubli ou le mépris des droits de l'homme sont les seules causes des malheurs publics et de la corruption des gouvernements, ont résolu d'exposer, dans une déclaration solennelle, les droits naturels, inaliénables et sacrés de l'homme, afin que cette déclaration, constamment présente à tous les membres du corps social, leur rappelle sans cesse leurs droits et leurs devoirs ; afin que les actes du pouvoir législatif et ceux du pouvoir exécutif, pouvant être à chaque instant comparés avec le but de toute institution politique, en soient plus respectés ; afin que les réclamations des citoyens, fondées désormais sur des principes simples et incontestables, tournent toujours au maintien de la Constitution et au bonheur de tous. En conséquence, l'Assemblée nationale reconnaît et déclare, en présence et sous les auspices de l'Être Suprême, les droits suivants de l'homme et du citoyen.

ARTICLE PREMIER - Les hommes naissent et demeurent libres et égaux en droits. Les distinctions sociales ne peuvent être fondées que sur l'utilité commune.

ARTICLE 2 - Le but de toute association politique est la conservation des droits naturels et imprescriptibles de l'homme. Ces droits sont la liberté, la propriété, la sûreté et la résistance à l'oppression.

ARTICLE 3 - Le principe de toute souveraineté réside essentiellement dans la Nation. Nul corps, nul individu ne peut exercer d'autorité qui n'en émane expressément.

ARTICLE 4 - La liberté consiste à pouvoir faire tout ce qui ne nuit pas à autrui : ainsi, l'exercice des droits naturels de chaque homme n'a de bornes que celles qui assurent aux autres membres de la société la jouissance de ces mêmes droits. Ces bornes ne peuvent être déterminées que par la loi.

ARTICLE 5 - La loi n'a le droit de défendre que les actions nuisibles à la société. Tout ce qui n'est pas défendu par la loi ne peut être empêché, et nul ne peut être contraint à faire ce qu'elle n'ordonne pas.

ARTICLE 6 - La loi est l'expression de la volonté générale. Tous les citoyens ont droit de concourir personnellement ou par leurs représentants à sa formation. Elle doit être la même pour tous, soit qu'elle protège, soit qu'elle punisse. Tous les citoyens, étant égaux à ses yeux, sont également admissibles à toutes dignités, places et emplois publics, selon leur capacité et sans autre distinction que celle de leurs vertus et de leurs talents.

ARTICLE 7 - Nul homme ne peut être accusé, arrêté ou détenu que dans les cas déterminés par la loi et selon les formes qu'elle a prescrites. Ceux qui sollicitent, expédient, exécutent ou font exécuter des ordres arbitraires doivent être punis ; mais tout citoyen appelé ou saisi en vertu de la loi doit obéir à l'instant ; il se rend coupable par la résistance.

ARTICLE 8 - La loi ne doit établir que des peines strictement et évidemment nécessaires, et nul ne peut être puni qu'en vertu d'une loi établie et promulguée antérieurement au délit, et légalement appliquée.

ARTICLE 9 - Tout homme étant présumé innocent jusqu'à ce qu'il ait été déclaré coupable, s'il est jugé indispensable de l'arrêter, toute rigueur qui ne serait pas nécessaire pour s'assurer de sa personne doit être sévèrement réprimée par la loi.

ARTICLE 10 - Nul ne doit être inquiété pour ses opinions, même religieuses, pourvu que leur manifestation ne trouble pas l'ordre public établi par la loi.

ARTICLE 11 - La libre communication des pensées et des opinions est un des droits les plus précieux de l'homme ; tout citoyen peut donc parler, écrire, imprimer librement, sauf à répondre de l'abus de cette liberté dans les cas déterminés par la loi.

ARTICLE 12 - La garantie des droits de l'homme et du citoyen nécessite une force publique ; cette force est donc instituée pour l'avantage de tous, et non pour l'utilité particulière de ceux à qui elle est confiée.

ARTICLE 13 - Pour l'entretien de la force publique, et pour les dépenses d'administration, une contribution commune est indispensable ; elle doit être également répartie entre les citoyens, en raison de leurs facultés.

ARTICLE 14 - Les citoyens ont le droit de constater, par eux-mêmes ou par leurs représentants, la nécessité de la contribution publique, de la consentir librement, d'en suivre l'emploi, et d'en déterminer la quotité, l'assiette, le recouvrement et la durée.

ARTICLE 15 - La société a le droit de demander compte à tout agent public de son administration.

ARTICLE 16 - Toute société dans laquelle la garantie des droits n'est pas assurée ni la séparation des pouvoirs déterminée, n'a point de Constitution.

ARTICLE 17 - La propriété étant un droit inviolable et sacré, nul ne peut en être privé, si ce n'est lorsque la nécessité publique, légalement constatée, l'exige évidemment, et sous la condition d'une juste et préalable indemnité.

« Le peuple prête serment à la Constitution et aux Droits de l'Homme, (10 août 1793). » Paris, musée Carnavalet.

VALMY : LE TRIOMPHE DES SANS-CULOTTES

Le 20 septembre 1792, la victoire de Valmy est la première victoire des troupes révolutionnaires françaises contre l'armée du roi de Prusse. La France de la Révolution triomphe du monde monarchique. La royauté est abolie ; les députés ne prêtent plus le serment de fidélité au roi mais à la Nation :

« Au nom de la Nation, je jure de maintenir la liberté et l'égalité ou de mourir à mon poste. »

La République est proclamée le 21 septembre de cette même année.

SAVIEZ-VOUS QUE...

Les révolutionnaires portaient un pantalon rayé en laine, par opposition à l'aristocrate vêtu d'une culotte courte en soie. Ce qui leur valut le surnom de « sans-culottes ».

LA CITOYENNETÉ EN SOMMEIL (1792-1814)

L'enthousiasme, la générosité parfois, l'utopisme* même des premiers mois de la Révolution ne vont pas durer.

En raison de la guerre, la Convention nationale impose des lois d'exception, puis c'est la période mouvementée du Directoire jusqu'au 9 novembre 1799 avec le coup d'État du général Bonaparte qui devient Premier Consul et prend le pouvoir. Le 10 mai 1804, Napoléon Bonaparte se fait nommer empereur et devient Napoléon 1er : c'est une « dictature éclairée » qui met en place une nouvelle organisation administrative (dont beaucoup de choses sont encore valables de nos jours).

Ainsi, la Constitution démocratique du 24 juin 1793 ne sera pas mise en application.

En revanche, les réformes concernant le droit de propriété ne sont pas et ne seront jamais remises en question.

Il en va autrement d'autres libertés civiles ; cette époque connaît notamment la création du « livret ouvrier », système qui met le salarié dans une dépendance totale vis-à-vis de son ou de ses employeurs ; ce qui n'avait pas existé depuis l'abolition du servage*.

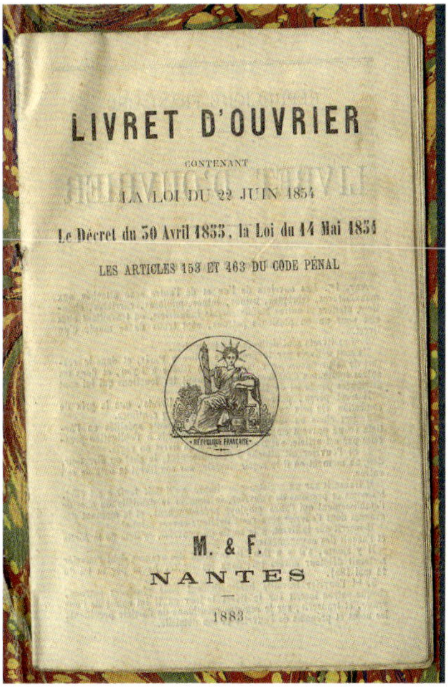

1814 : RETOUR DU ROI

La période 1814-1848 ne connaîtra pas de changements significatifs : Louis XVIII, Charles X, Louis-Philippe ne s'intéressent guère à la citoyenneté…

LA IIᴱ RÉPUBLIQUE (1848-1852)

Le roi Louis-Philippe s'en va après une journée de barricades. La Constitution de 1848 instaure une **Assemblée législative***, dont les membres sont élus au **suffrage universel*** masculin (il n'y a que les hommes qui votent) pour trois ans et un président de la République élu pour quatre ans. Mais la rédaction assez maladroite de cette constitution la rend inapplicable.

Louis Napoléon Bonaparte, président de la République élu, se fait nommer empereur le 2 décembre 1852.

LE SECOND EMPIRE (1852-1870)

Louis Napoléon Bonaparte devient donc l'empereur Napoléon III. Cette période connaîtra le développement des chemins de fer et des réalisations sociales intéressantes comme la réforme du livret ouvrier et la reconnaissance du droit de grève. La France est en guerre contre la Prusse mais, après la défaite de Sedan (1870), le second Empire s'achève.

LA IIIE RÉPUBLIQUE (1870-1940)

La IIIe République commence dans le sang. La Commune de Paris, « socialiste et patriote », s'oppose à la fois à l'occupant prussien et au gouvernement bourgeois de Louis-Adolphe Thiers. Après la défaite des Parisiens, en mai 1871, la répression est féroce.

Pourtant, cette République sera la plus durable et fondera la plupart des principes que nous connaissons aujourd'hui : liberté de la presse en 1881, scolarité obligatoire et gratuite en 1882 (loi de Jules Ferry), reconnaissance des syndicats en 1884, liberté d'association en 1901, liberté de conscience et de culte et séparation de l'Église et de l'État en 1905, et liberté de réunion finalement acquise en 1907.

La *res publica*, la République, va s'ancrer définitivement en France avec des citoyens qui, grâce à ces nouvelles libertés, pourront mieux vivre leur rôle.

Ils le vivront comme électeurs ou comme élus des conseils municipaux* ou des conseils généraux*, mais peut-être plus encore au sein des associations qui, légalisées, vont se multiplier.

SAVIEZ-VOUS QUE…

Il existe un oiseau africain appelé Républicain social. Sa particularité est de construire d'immenses nids collectifs.

1940-1944 : LA GUERRE

Sous l'occupation allemande, les conditions d'exercices de la citoyenneté peuvent être considérées comme suspendues. Galvanisée par l'appel du 18 Juin du général de Gaulle depuis Londres, la résistance s'organise pour libérer le territoire national et neutraliser l'armée allemande.

LA IVᴱ RÉPUBLIQUE (1946-1958)

La Constitution de 1946 donne enfin le droit de vote aux femmes. Il s'agit, pour la première fois dans l'histoire de France, d'un suffrage véritablement universel.

Les pouvoirs du président de la République sont réduits au profit du Parlement. Ce **régime parlementaire*** entraîne une grande instabilité ministérielle qui provoquera en partie la fin du régime.

La IVᵉ République voit la naissance de « l'État Providence », avec la mise en place de la Sécurité sociale, instaurant le principe de la solidarité nationale et la reconnaissance des droits économiques et sociaux (droit au travail, droit de grève...). La notion de service public se développe, avec l'idée nouvelle que les fonctionnaires sont au service des usagers.

LA Vᴱ RÉPUBLIQUE (DEPUIS 1958)

Le général de Gaulle, dès son retour au pouvoir (il avait déjà dirigé le gouvernement à la Libération), va faire adopter une constitution, le 4 octobre 1958, qui fait référence à la Déclaration des droits de l'homme et du citoyen de 1789.

Pouvoir exécutif fort, stabilité gouvernementale, cohésion des groupes au Parlement sont en gros les signes les plus évidents de cette République dans laquelle nous vivons.

Elle aura aussi vu se développer l'idée de l'Europe, avec l'élection au suffrage universel, des députés au Parlement européen.

Une « citoyenneté européenne » existera-t-elle un jour et la *res publica* que nous avons vu naître sur les collines de Rome s'étendra-t-elle aux dimensions de tout un continent?

La citoyenneté ne se décrète pas, elle s'obtient difficilement, demandant un changement progressif des mentalités. Elle est composée de principes et de valeurs qui font la spécificité de la « citoyenneté à la française ».

Les fondations de la citoyenneté française: la **Nation**

Les fondations de la citoyenneté française sont la Nation. Le terme « nation » suppose une population unie par des traits communs ou par le même mode de vie (coutumes, traditions), mais surtout par la volonté de vivre ensemble. L'idée de nation a toujours rassemblé les Français pour faire face aux épreuves communes: guerres, catastrophes naturelles, etc.

En 1789, la souveraineté n'appartient plus au roi, mais à la nation. La distinction existe cependant entre la citoyenneté et la nationalité, cette dernière restant mal définie et aucun droit n'y étant attaché. Les droits sont attachés à la citoyenneté: on pouvait être français mais ne pas bénéficier des droits du citoyen (c'était le cas des prêtres qui avaient refusé de prêter serment à la nation). Inversement on pouvait être étranger et se voir reconnaître la qualité de citoyen (comme pour les étrangers venus en France participer à la Révolution). Il faudra attendre 1804 pour que nationalité et citoyenneté deviennent indissociables.

L'obtention de la nationalité est une question d'engagement du citoyen qui désire obtenir une identification nationale. En France, l'État peut octroyer la nationalité française à toute personne étrangère âgée de 18 ans au moins et vivant en France depuis 5 ans : c'est la naturalisation. On est français par filiation si au moins un des parents est français : c'est le droit du sang.

Être citoyen, c'est avant tout une attitude universelle, quel que soit le pays où l'on se trouve.

La **démocratie**

Dans un système démocratique, chaque citoyen participe à la vie et au gouvernement de la cité en s'exprimant par le droit de vote. On parle de démocratie directe quand on exerce ses droits soi-même, c'est ce qui se passe dans le cadre d'une association ou à l'occasion d'un référendum*.

On parle de démocratie indirecte quand on délègue ses pouvoirs à des représentants : président de la République, députés, sénateurs, conseillers régionaux, conseillers généraux, conseillers municipaux...

LA DEVISE RÉPUBLICAINE : « LIBERTÉ, ÉGALITÉ, FRATERNITÉ »

Née sous la Révolution française, la devise républicaine est définitivement adoptée sous la IIIe République. En France, on peut la lire sur les frontons des mairies, des écoles, des édifices publics.

LA LIBERTÉ

Notre démocratie garantit un certain nombre de libertés : la liberté d'aller et venir, la liberté de penser, la liberté d'expression, la liberté syndicale en sont les principales, avec le droit au respect de la vie privée. Mais la liberté c'est aussi une responsabilité : se préoccuper de celle des autres.

L'ÉGALITÉ

L'égalité politique se traduit par « un homme, une voix » ; l'égalité en droit existe lorsque chacun est soumis aux mêmes lois, aux mêmes devoirs et bénéficie des mêmes droits. Les inégalités naturelles et sociales peuvent être corrigées par la possibilité pour chacun d'accéder au savoir et aux fonctions les plus hautes selon ses propres compétences et sa constance dans l'effort accompli pour réussir.

Tous les jeunes citoyens doivent avoir les mêmes chances de pouvoir grandir dans les meilleures conditions possibles au sein de la société.

C'est donc à l'État, notamment par l'école publique, de garantir cette égalité des chances.

LA FRATERNITÉ

La fraternité comprend toutes les formes actuelles de solidarité refusant le « chacun pour soi ».

Le citoyen est en effet celui qui est responsable, qui agit dans la société et qui se sent concerné par les problèmes des autres, celui qui combat l'indifférence et la discrimination.

Au niveau national, l'État assure la solidarité entre les citoyens grâce aux impôts que chacun paie en fonction de ses revenus.

La fraternité, c'est tout simplement, aussi, la solidarité entre les nations, en un mot : la paix.

SAVIEZ-VOUS QUE...

« Liberté, Égalité, Fraternité » est aussi la devise de la République d'Haïti. Elle puise ses origines dans la Révolution française et dans la révolte des esclaves d'Haïti soutenus par les républicains français.

SAVIEZ-VOUS QUE...

Démocratie vient du grec *demos* qui signifie « peuple » et *cratis* « pouvoir » ; c'est donc le gouvernement du peuple par le peuple.

ILS ONT DIT...

« La République est un grand acte de confiance et un grand acte d'audace. »
Jean Jaurès

« La liberté consiste à pouvoir faire tout ce qui ne nuit pas à autrui. »
Déclaration des Droits de l'homme et du citoyen de 1789

« La démocratie, d'après l'idée que je m'en fais, devrait assurer au plus faible les mêmes opportunités qu'au plus fort. Seule la non-violence peut aboutir à ce but. »
Mahatma Gandhi

« La démocratie, c'est beaucoup plus que la pratique des élections et le gouvernement de la majorité : c'est un type de mœurs, de vertu, de scrupule, de sens civique, de respect de l'adversaire ; c'est un code moral. »
Pierre Mendès-France

« Tous les êtres humains naissent libres et égaux en droits. »
Article 1 de la Déclaration des droits de l'homme et du citoyen

Les **symboles** de la République

Être citoyen français c'est adhérer aux valeurs qui fondent la République française. La devise républicaine, le drapeau tricolore, le coq, l'hymne et la fête nationale représentent ces valeurs communes.

LE DRAPEAU TRICOLORE

Officiellement imposé en 1848, le drapeau est l'emblème de la Nation française. Le bleu et le rouge sont les couleurs attachées à la ville de Paris. Le blanc est la couleur traditionnelle de la monarchie française. Le blanc est entouré par les deux autres couleurs, ce qui signifie que le roi a été encerclé par le peuple. Non sans rappeler les événements de la Révolution française… Aujourd'hui il orne tous les bâtiments publics et est déployé lors des cérémonies officielles, civiles et militaires.

SAVIEZ-VOUS QUE…

Sous l'Ancien Régime, il n'existait pas de drapeau national. Cependant, d'autres bannières ont été utilisées par l'armée royale comme le drapeau bleu aux fleurs de lys jaunes qui flottait par exemple sur les navires de guerre. Les militaires français l'ont ensuite remplacé par un drapeau blanc jusqu'en 1790.

LA MARIANNE

Coiffée du bonnet phrygien, la Marianne est l'icône de la République française, de la démocratie et de la liberté. On la retrouve dans les bâtiments officiels comme les mairies et on peut la voir également sur les timbres et les pièces de monnaie.

SAVIEZ-VOUS QUE…

Détruire ou dégrader le drapeau français dans un lieu public est puni d'une amende de 1 500 euros.

LA MARSEILLAISE

La Marseillaise est l'hymne national français. Ce chant patriotique de la Révolution française devient « chant

14
juillet

« Rouget de Lisle (compositeur de La Marseillaise) chantant La Marseillaise », 1849. Par Isidore Pils, Musée historique de Strasbourg.

national » le 14 juillet 1795 avant d'être définitivement adopté sous la Troisième République, en 1879.

LA FÊTE DU 14 JUILLET

Le 14 Juillet est le jour de la fête nationale en France. Elle commémore la prise de la Bastille, le 14 juillet 1789. Depuis, des défilés, des feux d'artifices et des bals populaires sont organisés chaque année pour célébrer cette date importante de l'Histoire de France. Le 14 juillet fait aussi référence à la fête de la fédération du 14 juillet 1790, jour du premier anniversaire de la prise de la Bastille, qui a rassemblé les gardes nationales, les Français et le roi sur le Champs de Mars à Paris pour célébrer l'adhésion du peuple à la nouvelle Constitution.

SAVIEZ-VOUS QUE...

Des actrices comme Brigitte Bardot, Catherine Deneuve, Laetitia Casta, ont servi de modèles pour Marianne.

LE COQ

Issu des mots latins « gallus » (coq) et « gaulus » (gaulois), il est le symbole de la Gaule. Remplacé par l'Aigle de Napoléon, il réapparaît sous la IIIe République et représente la fierté et le courage face à l'Aigle prussien durant la guerre de 1870.

Il n'est pas un symbole officiel, mais il est signe de reconnaissance nationale et est l'emblème des équipes sportives de France.

SAVIEZ-VOUS QUE...

À l'origine, Rouget de Lisle a appelé sa chanson le « Chant de guerre pour l'armée du Rhin ». Le 30 juillet 1792, lors de la prise des Tuileries, le chant est scandé par les soldats républicains marseillais entrant dans Paris. C'est pour cela qu'elle a été rebaptisée « La Marseillaise ».

Les **droits** et les **devoirs** du citoyen

La citoyenneté s'exerce au travers de droits et de devoirs, identiques pour tous. Ils sont précisés par la Constitution et définis par la loi.

Les Français ont des droits civils énoncés dès 1789. Il s'agit des libertés fondamentales : individuelle, de conscience, de presse, d'association, de réunion...

L'article 3 de la Constitution de 1958 énonce les droits politiques : le droit de vote, l'éligibilité (possibilité de se présenter à une élection). Enfin, les droits sociaux, plus récents, sont fondés sur la solidarité nationale : droit à l'éducation, à la santé, au travail et au revenu...

Chaque citoyen est engagé auprès de l'État : il doit respecter la loi, pour permettre à tous de vivre ensemble et garantir à chacun sa liberté et ses droits. Sans règles communes, ce serait la loi du plus fort et le plaisir de chacun qui primeraient sur tout le reste ; en cas de non-respect des lois, le citoyen s'expose à des sanctions selon la gravité de ses actes.

LE DROIT DE VOTE : ÉLÉMENT CLÉ DE LA CITOYENNETÉ

Voter est un droit, c'est aussi un devoir civique. En France, le peuple exerce sa souveraineté en votant pour élire au suffrage direct ou indirect ses représentants.

Tous les citoyens français âgés de 18 ans et plus, inscrits sur les listes électorales, ont le droit de voter.

Le vote permet au citoyen de s'exprimer sur le choix des hommes et des politiques menées par son pays. C'est

donc par ce biais que le citoyen peut améliorer les lois qui le régissent et contribuer ainsi à un mieux-être commun.

Agir en citoyen, c'est donc s'inscrire sur les listes électorales, voter et même se porter candidat pour gérer les affaires publiques (locales ou nationales) afin de faire avancer ses propres idées.

L'IMPÔT

Une société organisée a besoin d'argent pour faire fonctionner les institutions publiques. Elle s'en procure grâce à l'impôt qu'elle demande aux citoyens.

L'impôt permet de financer les routes, les écoles, l'assurance maladie...

LES GRANDES DATES DU DROIT DE VOTE

– 1791 : suffrage censitaire* pour l'élection des députés à l'Assemblée nationale ;
– 1848 : suffrage universel masculin pour les hommes de plus de 21 ans ;
– 1913 : usage obligatoire de l'enveloppe et de l'isoloir ;
– 1944 : droit de vote des femmes ;
– 1945 : droit de vote des militaires ;
– 1962 : référendum pour l'élection au suffrage universel du président de la République ;
– 1974 : majorité à 18 ans (au lieu de 21) ;
– 1992 : droit de vote accordé aux citoyens européens à certaines élections telles que les élections municipales et élections européennes, dans les mêmes conditions qu'un citoyen français.

Agir en citoyen

Au sein de notre société, chaque citoyen adhère à un certain nombre de valeurs. Plus qu'un statut juridique, être citoyen c'est aussi avoir une certaine attitude, s'intégrer au sein de sa communauté.

Cela passe tout d'abord par le respect mutuel entre citoyens, la tolérance envers les individus qui vivent avec nous : c'est ce qui fonde l'harmonie d'une société.

Chaque citoyen doit aussi, à titre individuel, avoir conscience non seulement de ses droits, mais également de ses devoirs : s'attacher à respecter et faire respecter les lois en vigueur.

Le citoyen doit aussi faire preuve de civisme, c'est-à-dire adopter au quotidien un comportement respectueux, courtois, poli, aimable. Cela passe par des gestes simples, comme laisser sa place aux personnes âgées ou aux femmes enceintes dans les transports.

L'INTÉRÊT GÉNÉRAL

Peut-on imaginer qu'il suffira d'additionner tous les intérêts individuels, les souhaits de chacun, pour obtenir automatiquement l'intérêt commun ? Ce n'est hélas souvent pas possible.

Pour définir ce qu'est l'intérêt commun, l'intérêt général, ce que l'on appelle parfois « l'utilité publique », on a recours, dans une démocratie, au système du vote. La majorité fait donc le choix, mais rien ne dit qu'elle a forcément raison…

L'État n'est donc pas le seul concerné. Le citoyen aussi œuvre dans l'intérêt commun en faisant preuve de civisme*, c'est-à-dire en respectant les lois et les règles.

SAVIEZ-VOUS QUE…

On appelle « netizen » ou « netoyen » un internaute averti, qui agit sur le web de manière citoyenne.

LE RESPECT DE LA LIBERTÉ D'AUTRUI

« Ne fais pas aux autres ce que tu ne voudrais pas qu'on te fasse. »

Pour jouir de ses droits, il faut avant tout assumer ses devoirs, dont le premier est le respect des personnes et des biens. Sans lui, la vie en société est impossible.

C'est la civilité : il s'agit d'une attitude de respect, à la fois à l'égard des autres citoyens (ex. : politesse), mais aussi à l'égard des bâtiments et lieux de l'espace public (ex. : transports publics). C'est une reconnaissance mutuelle et tolérante des individus entre eux, au nom du respect de la dignité de la personne humaine, qui permet une plus grande harmonie dans la société.

À L'ÉCOLE : PREMIERS PAS VERS LA CITOYENNETÉ

Le citoyen a toujours quelque chose à voir avec l'école. Il y a fait son apprentissage, et mieux celui-ci a été fait, meilleure sera sa capacité à être citoyen. L'école est un lieu où l'on apprend à vivre ensemble, à se respecter les uns et les autres.

DANS L'ENVIRONNEMENT

Chaque citoyen doit prendre conscience de la nécessité de protéger l'environnement et agir de manière responsable, à son échelle, pour préserver ce qui l'entoure. Il faut apprendre à économiser et à partager de manière équitable les ressources de l'environnement et à tenir compte des facultés limitées de la Terre à absorber les déchets et les pollutions, afin de contribuer à l'amélioration du cadre de vie dans lequel on évolue.

DANS LE SPORT

Le sport n'est pas une finalité en soi, mais avant tout, une école de la vie. On y apprend à vivre en collectivité, à mobiliser son énergie en vue d'un objectif commun, à se soumettre à des règles librement acceptées sans tricher et à respecter son adversaire. Le sport est aussi école de la citoyenneté.

Les débordements de violence, que l'on peut parfois constater dans les stades, sont très éloignés des valeurs sportives et citoyennes.

DANS L'ENTREPRISE

La citoyenneté concerne aussi les relations avec son cadre professionnel, dans le respect de l'autre et le souci d'œuvrer ensemble pour l'intérêt légitime de l'entreprise et de ses salariés. La véritable entreprise citoyenne est celle qui tient compte des intérêts de ses employés en même temps que ses intérêts.

EN POLITIQUE

Il n'y a pas d'âge pour s'intéresser à la vie politique. Dès l'enfance, on a l'occasion de participer à la vie de son établissement, comme par exemple lors de l'élection des délégués de classe. Depuis le début des années 1980, on

SAVIEZ-VOUS QUE...

Un Français produit 590 kilos de déchets par an à lui tout seul. Cela veut dire que l'on jette plus d'un kilo de déchets chaque jour.

peut également être élu par ses camarades pour siéger aux conseils municipaux et se faire le porte-voix de certaines propositions. Le Parlement des Enfants, qui se réunit une fois par an, propose également à plusieurs classes de CM2 (sélectionnées sur candidature) de rédiger une proposition de loi sur des thèmes précis, comme la santé ou les nouvelles technologies en 2014. Ils votent ensuite pour la meilleure des propositions de loi et à l'issue du vote, la classe qui l'a rédigée est invitée à l'Assemblée nationale. Cela sensibilise les jeunes citoyens au rôle du législateur et au fonctionnement des institutions.

Avoir des idées et des valeurs, les partager ou les confronter à celles des autres lors de discussions est une manière de faire de la politique.

Défendre certaines causes à travers des pétitions ou des actions de soutien, vouloir être acteur des changements de la société, sont autant de manières de s'engager. Lorsque l'on se sent prêt, on peut même intégrer un parti politique.

LA JOURNÉE DE DÉFENSE ET CITOYENNETÉ

La Journée de Défense et Citoyenneté (JDC) est organisée par le ministère de la Défense. Elle est obligatoire pour tous les jeunes Français, garçons et filles, âgés de 17 et 18 ans. Elle est la dernière étape des actions de sensibilisation à la défense nationale organisées en classe de troisième et de première.

L'objectif est de responsabiliser les jeunes citoyens, mais aussi de les rendre capables d'intervenir si quelqu'un est blessé ou dans le besoin. Les gestes de premiers secours et des informations sur le don du sang, d'organes et de moelle osseuse sont également transmis aux jeunes.

Pour ceux que l'armée attire, c'est aussi l'occasion de découvrir le fonctionnement de l'institution, grâce à des échanges avec des militaires.

Monument à Pierre Waldeck-Rousseau, marbre (1909) par Laurent Honoré Marqueste, jardin des Tuileries, Paris

DANS LA VIE ASSOCIATIVE

Waldeck-Rousseau, auteur de la loi de 1901 permettant à des particuliers de se regrouper en s'associant pour la défense d'un intérêt ou la réalisation d'un projet commun, n'imaginait sans doute pas le succès de sa proposition. Répondant au besoin de communiquer, de se responsabiliser et de s'unir, des milliers d'associations se sont ainsi créées, notamment dans les domaines des loisirs, des sports, de la culture ou pour la défense d'intérêts spécifiques.

Adhérer à une association est un moyen de participer à la vie de son quartier, de son village ou de sa ville tout en partageant avec les autres des projets communs.

LE SERVICE CIVIQUE VOLONTAIRE

Le 28 octobre 1997, le service militaire disparaît et est alors remplacé par le service civique volontaire. Il s'agit d'une mission que l'on choisit de faire dans plusieurs domaines, comme l'humanitaire ou l'environnement par exemple. Elle concerne les plus de 25 ans, s'effectue en France ou à l'étranger et dure de six mois à un an.

Citoyen **européen**

Le Traité de Maastricht, ratifié en 1992, introduit la citoyenneté européenne. Elle ne remplace pas la citoyenneté nationale, mais la complète. Elle n'est ouverte qu'aux ressortissants de l'Union européenne. La notion de citoyenneté européenne est définie à l'article 20 du traité sur le fonctionnement de l'Union européenne : « Est citoyen de l'Union toute personne ayant la nationalité d'un État membre. (...) Les citoyens de l'Union jouissent des droits et sont soumis aux devoirs prévus par le présent traité. »

Depuis 1992, nous sommes à la fois citoyens français et citoyens européens. À ce titre, nous avons des libertés et des droits qui s'ajoutent à ceux que nous détenons en France.

SAVIEZ-VOUS QUE...

Aucun traité n'énumère les devoirs du citoyen européen. Ce qui ne veut pas dire que l'on peut faire n'importe quoi pour autant.

Droit de circuler et de séjourner, de travailler et d'étudier sur le territoire des autres pays membres, reconnu aux actifs et aux « inactifs » (étudiants, retraités, etc.)

L'Union européenne se veut un grand espace de liberté pour tous les citoyens de ses États membres. Aujourd'hui, il est facile de se déplacer d'un pays à l'autre et de voyager en Europe. L'Europe devient un espace où les rencontres et les échanges entre citoyens sont de plus en plus nombreux, ce qui contribue à renforcer l'identité de l'Union.

LA DEVISE DE L' UNION EUROPÉENNE

« Unie dans la diversité », telle est la devise de l'Union européenne. Elle caractérise la manière dont les Européens se sont rassemblés, en créant l'Union européenne, pour œuvrer en faveur de la paix et de la prospérité, en s'enrichissant des différentes cultures, traditions et langues du continent.

Droits politiques

Les citoyens de l'Union européenne participent à l'élection du Parlement européen. Par ailleurs, les citoyens européens ont le droit de voter et d'être élus aux élections municipales et à celles du Parlement européen dans l'État membre où ils résident.

Parmi les droits accordés aux citoyens européens, on peut citer l'initiative citoyenne européenne: elle consiste, pour un million de citoyens européens, venant d'au moins un quart des pays membres, à demander à la Commission européenne de se saisir d'un sujet. La Commission peut ainsi être amenée à rédiger de nouvelles propositions d'actes juridiques (règlements, etc.), mais elle n'y est pas obligée.

Enfin, la protection par un autre État membre dans un pays étranger à l'Union européenne. Par exemple, un ressortissant belge s'étant fait voler son passeport peut demander une aide au consulat français ou britannique s'il n'y a pas de consulat belge dans le pays où il séjourne.

Certaines personnes se revendiquent « citoyens du monde » avant tout, car elles estiment que les habitants de la Terre forment un peuple commun avec des droits et devoirs communs qui dépassent les clivages nationaux.

LE TRAITÉ DE MAASTRICHT

Le Traité de Maastricht est l'un des plus importants traités européens. Il fonde l'Union européenne. Le 7 février 1992, il est signé par 12 pays : l'Allemagne, la Belgique, la France, le Luxembourg, l'Italie, les Pays-Bas, le Danemark, l'Irlande, le Royaume-Uni, la Grèce, l'Espagne et le Portugal. Ces États sont déjà membres de la Communauté Économique Européenne, ils sont donc liés économiquement. Mais le Traité de Maastricht donne également à l'Europe une dimension politique. Il consacre par ailleurs le lancement de l'Union Économique et Monétaire (UEM) dont le but est de créer une monnaie commune aux pays membres : l'euro, mis en circulation dix ans plus tard (2002).

Citoyenneté et **Prix de l'Éducation citoyenne**

Le prix de l'Éducation citoyenne récompense des élèves qui se sont distingués par leur comportement quotidien et la réalisation d'actions relevant du champ de la citoyenneté, au sein de leur classe ou de leur école, collège ou lycée. Ce prix encourage tous les acteurs de la communauté éducative qui consacrent, chacun à leur niveau, une partie de leur travail quotidien à inculquer les valeurs civiques aux jeunes. Il est prévu par une convention cadre établie entre le ministère chargé de l'éducation nationale et l'association nationale des membres de l'Ordre national du Mérite (ANMONM).

QUESTIONS À JEAN-CLAUDE TALBERT, PRÉSIDENT DE L'ASSOCIATION NATIONALE DES MEMBRES DE L'ORDRE NATIONAL DU MÉRITE

Qu'est-ce que la citoyenneté?

Selon la définition admise, courte et froide, la citoyenneté est la qualité du « citoyen » qui jouit de ses droits civils et politiques et notamment du droit de vote.

Mais en allant au-delà des mots et, surtout, en humanisant les approches froides, la citoyenneté se définit surtout par ses valeurs, celles du respect des autres et des choses, une reconnaissance mutuelle et tolérante au nom de la dignité et permettant une harmonie au sein de laquelle trouvent leur place: le civisme et la solidarité. La citoyenneté vient également souligner la capacité à choisir pour soi et ne pas laisser un autre décider à sa place. Cette liberté de choisir est dans de nombreux pays aujourd'hui, une raison de mourir et non de vivre.

Comment être citoyen quand on est jeune ?

Être citoyen quand on est jeune tient aux valeurs qui sont de plein droit celles de la jeunesse et – avant même d'exercer son droit de vote (image pleinement liée à la pratique de le citoyenneté dans les pays occidentaux) - à qualité nécessaire et naturelle d'empathie, pourvu que la famille et l'Éducation nationale lui ait appris l'art de vivre au sein d'une communauté, ainsi que la politesse et le respect.

Je suis d'ailleurs très fortement attaché à un mot que l'on emploie rarement et qui a fait sa réapparition au dictionnaire, en 2000, celui de « Convivance ». On dit volontiers « le vivre ensemble » et cela ne signifie pas toujours vivre « en harmonie ».

Quelles sont les valeurs prônées par le prix de l'Éducation citoyenne?

Pour notre association qui a joué un rôle dans la réactualisation de ce mot, il est on ne peut plus d'actualité dans une société où sévit le manque de respect et de considération de l'autre, un mot qui parle de la faculté de comprendre son prochain, de partager nos valeurs et de rassembler plutôt que diviser. Le sens de ces valeurs permet d'ouvrir un dialogue par le biais du « savoir-vivre avec » plutôt que de « vivre à côté ».

Ce sont ces valeurs que prône le prix de l'Éducation citoyenne dont plusieurs exemples nous ont été donnés par nos jeunes lauréats en de multiples actions; je citerai l'une de préférence émanant d'une classe tout entière, mobilisée pour assurer à un élève handicapé une vie aussi normale que possible au cours de sa scolarité, pendant plusieurs années d'accompagnement attentif, amical et soutenu. Ou encore cet élève du collège qui passe une heure tous les soirs pour expliquer les cours à un camarade sur un lit d'hôpital suite à un accident... les exemples sont très nombreux.

LEXIQUE

ABOLITION : annulation.

ASSEMBLÉE CONSTITUANTE : assemblée de représentants d'un pays qui a pour mission de rédiger ou d'adopter une constitution.

ASSEMBLÉE LÉGISLATIVE : réunion des élus chargés de faire la loi.

CIVISME : priorité donnée par le citoyen aux intérêts de la nation sur ses intérêts particuliers.

CONSEIL MUNICIPAL : composé de membres élus pour s'occuper des affaires communales.

CONSEIL GÉNÉRAL : assemblée composée de membres élus de chaque département.

CONSTITUTION : texte qui règle l'organisation des pouvoirs publics et fixe les droits et les libertés.

DÉMOCRATIE : régime politique où le peuple s'exprime et décide.

MONARCHIE : régime politique où le chef de l'État est un roi ou un empereur.

OLIGARCHIE : régime politique où l'autorité est entre les mains de quelques personnes.

POUVOIR EXÉCUTIF : le pouvoir exécutif gouverne. Il détient le pouvoir de prendre toutes les règlementations juridiques pour faire appliquer les lois et dispose de l'administration.

POUVOIR JUDICIAIRE : la justice.

POUVOIR LÉGISLATIF : il élabore et vote les lois.

RÉFÉRENDUM : vote de tous les citoyens pour répondre à une question.

RÉGIME PARLEMENTAIRE : système politique où le pouvoir est détenu par les élus.

SERVAGE : vient du mot « serf » qui, au Moyen Âge, désignait une personne attachée à une terre et qui dépendait d'un seigneur.

SUFFRAGE UNIVERSEL : droit de vote accordé à tous les citoyens.

SUFFRAGE CENSITAIRE : droit de vote accordé à une partie des citoyens (souvent les plus riches).

UTOPISME : attitude de celui qui rêve de projets irréalistes.

ADRESSES UTILES

Cidem Civisme et Démocratie

167, boulevard de la Villette - 75010 Paris
Tél. 01 80 05 18 90 - Fax 01 80 05 18 91

Mail : cidem@cidem.org

www.cidem.org

Association nationale des membres de l'Ordre national du Mérite

HÔTEL NATIONAL DES INVALIDES
129, rue de Grenelle - 75007 Paris Cedex 07
Tél. 01 47 05 75 92 - Fax 01 40 62 93 85

Mail : contact@anmonm.com

www.anmonm.com

PAROLES DE **LA MARSEILLAISE**

Allons enfants de la Patrie,
Le jour de gloire est arrivé!
Contre nous de la tyrannie
L'étendard sanglant est levé,
L'étendard sanglant est levé.
Entendez-vous dans nos campagnes
Mugir ces féroces soldats?
Ils viennent jusque dans vos bras
Égorger vos fils et vos compagnes.

Refrain:
Aux armes citoyens,
Formez vos bataillons,
Marchons! Marchons!
Qu'un sang impur
Abreuve nos sillons!

Que veut cette horde d'esclaves
De traîtres, de rois conjurés?
Pour qui ces ignobles entraves
Ces fers dès longtemps préparés?
Ces fers dès longtemps préparés?
Français, pour nous, ah! quel outrage
Quel transport il doit exciter!
C'est nous qu'on ose méditer
De rendre à l'antique esclavage!

(Refrain)

Quoi! Des cohortes étrangères
Feraient la loi dans nos foyers!
Quoi! Ces phalanges mercenaires
Terrasseraient nos fiers guerriers!
Terrasseraient nos fiers guerriers!
Grand Dieu! Par des mains enchaînées
Nos fronts, sous le joug, se ploieraient.
De vils despotes deviendraient
Les maîtres de nos destinées!

(Refrain)

Tremblez tyrans, et vous perfides
L'opprobe de tous les partis,
Tremblez! vos projets parricides
Vont enfin recevoir leur prix!
Vont enfin recevoir leur prix!
Tout est soldat pour vous combattre.
S'ils tombent nos jeunes héros,
La terre en produit de nouveaux,
Contre vous, tous prêts à se battre!

(Refrain)

Français en guerriers magnanimes
Portez ou retenez vos coups!
Épargnez ces tristes victimes,
À regrets s'armant contre nous!
À regrets s'armant contre nous!
Mais ce despote sanguinaire
Mais les complices de Bouillé
Tous les tigres qui sans pitié
Déchirent le sein de leur mère!

(Refrain)

Amour Sacré de la Patrie,
Conduis, soutiens nos braves vengeurs.
Liberté, Liberté chérie
Combats avec tes défenseurs!
Combats avec tes défenseurs!
Sous nos drapeaux, que la victoire
Accoure à tes mâles accents,
Que tes ennemis expirants
Voient ton triomphe et nous, notre gloire!

(Refrain)

Nous entrerons dans la carrière
Quand nos aînés n'y seront plus,
Nous y trouverons leur poussière
Et la trace de leurs vertus!
Et la trace de leurs vertus!
Bien moins jaloux de leur survivre
Que de partager leur cercueil,
Nous aurons le sublime orgueil
De les venger ou de les suivre.

Crédits photos:
p. 7, 8, 14, 19, 25, 28 © illustration Christine Paris
p. 9 © Wikimedia
p. 10, 13 © Musée Carnavalet / Roger-Viollet
p. 15, 16 © CC BY-SA 3.0
p. 23 © illustrations Florence Weiser
p. 24 © DP
p. 26 © Fotolia - L Bouvier
p. 29 © Fotolia - Rawpixel
p. 33 © Fotolia - Lassedesignen

Directrice de collection Marie de Pimodan
Conception graphique et réalisation Les 5 sur 5
Illustrations de couverture Florence Weiser
Impression Geers Offset, Belgique

Imprimé en Union européenne en 2015, pour le compte de NANE Éditions®
3e édition
Dépôt légal: septembre 2015
Loi n° 49-956 du 16 juillet 1949 sur les publications destinées à la jeunesse, modifiée par la loi n° 2011-525 du 17 mai 2011.

ISBN 978-2-84368-130-1